Alimentation ayurvédique

Guide pour une
alimentation consciente

Dr. Nibodhi Haas et
Gunavati Gobbi

Alimentation ayurvédique
Dr. Nibodhi Haas et Gunavati Gobbi

Publié par :
    M.A. Center
    P.O. Box 613
    San Ramon, CA 94583
    États-Unis

———— *Ayurvedic Nutrition (French)* ————

Copyright© 2007 par Mata Amritanandamayi Mission Trust

Tous droits réservés. Aucune partie de cette publication ne peut être enregistrée dans un système de stockage de données, transmise ou reproduite de quelque manière que ce soit sans l'accord préalable et la permission expressément écrite de l'éditeur.

En France :
    www.ammafrance.org

En Inde :

    www.amritapuri.org
    inform@amritapuri.org

Le contenu de cette brochure ne prétend en aucun cas servir de diagnostic, de traitement, de soins ou de prévention en cas de maladie. Il est uniquement informatif.

Notre prière sincère est que ce livret puisse rendre service au lecteur, à l'humanité et à Mère Nature. Puisse-t-il apporter santé et bonheur. Tout le bienfait retiré de ces informations est dû à la grâce et à la compassion infinies d'Amma ainsi qu'à la sagesse des anciens rishis (sages). Les erreurs éventuelles incombent aux auteurs. Ce livret est une offrande déposée aux pieds de notre maître bien-aimé, Mata Amritanandamayi Dévi.

Sommaire

Introduction	5
Equilibrer votre alimentation	9
Déterminer Prakriti : votre constitution personnelle	11
Aliments qui équilibrent vata	13
Aliments qui équilibrent pitta	16
Aliments qui équilibrent kapha	19
Tableau des combinaisons alimentaires	21
Acidité et alcalinité	22
Alimentation biologique	25
L'eau : fontaine de vie	29
Aliments stimulants et revitalisants	30
Allergies alimentaires les plus répandues	31
Que contient votre assiette ?	43
Manger selon le dharma	54
Éradiquer la faim dans le monde	60
L'épuisement des ressources	63
Vitamines et nutriments	66
Cosmétiques et produits d'entretien	71
Jeûner pour rester en bonne santé	75
Suggestions alimentaires pour ceux qui font un panchakarma	77
Manger avec conscience	80
Remèdes diététiques	84
Conclusion	90
Lectures conseillées	92

Introduction

Le médecin ayurvédique commence tout traitement en prescrivant un régime alimentaire auquel le patient doit se conformer. Les médecins ayurvédiques font une telle confiance à l'alimentation qu'il est dit que toutes les maladies peuvent être guéries si l'on respecte soigneusement les indications diététiques, complémentées par les herbes médicinales appropriées. Si le patient ne suit pas ces règles, une centaine de médicaments efficaces ne réussira pas à le guérir.
– Charaka Samhita 1.41

Une alimentation et une attitude correctes apportent santé et bonheur. Les cultures anciennes et les écoles de santé reconnaissent que notre choix alimentaire affecte de manière importante notre santé physique et émotionnelle. Les aliments naturels, préparés avec amour et conscience, entretiennent la santé du corps et du mental. Les aliments imprégnés de pensées ou de substances toxiques comme les agents blanchissants, les colorants artificiels, les conservateurs et les additifs, fatiguent les organes. Quand le corps souffre de stress engendré par une nourriture malsaine, cela nous affecte sur le plan émotionnel. La médecine chinoise a établi une corrélation entre la colère et l'intoxication (la fabrication de toxines) du foie, le chagrin et la faiblesse des poumons. La naturopathie nous montre comment les allergies alimentaires entraînent souvent léthargie, lourdeur et même dépression.

La science ayurvédique nous enseigne qu'une alimentation correcte est le fondement d'une bonne santé. L'ayurvéda reconnaît trois types de constitution ou *doshas* : *vata*, *pitta* et *kapha*. Le terme *vata* se rapporte aux éléments air et éther, *pitta* au feu et à l'eau et *kapha* à l'eau et à la terre. Basés sur leurs attributs, les aliments sont également classifiés en trois catégories : rajasique (agitation/activité), tamasique (lourdeur/inaction) et sattvique (lumière/pureté). Le type de nourriture que nous ingérons (rajasique, tamasique ou sattvique) a un effet correspondant sur notre corps et notre mental. Différentes voies sont arrivées à la même conclusion, évidente : nous sommes ce que nous mangeons.

Les instructions diététiques ayurvédiques ont pour but de restaurer l'équilibre entre les *doshas*. Ceci est essentiel pour garder vitalité physique, santé émotionnelle et paix de l'esprit. L'alimentation ayurvédique est personnalisée, basée sur la

Introduction

constitution propre à chaque individu. Chaque personne possède une combinaison unique des éléments et des *doshas* ; ainsi, les besoins alimentaires sont différents pour chacun. Afin de choisir une alimentation équilibrée, on doit tenir compte de la constitution personnelle, de la saison, du moment de la journée, de la qualité des aliments et également de l'état mental et émotionnel de la personne quand elle a faim. En ingérant la nour-

riture, nous participons au processus créatif de la nature. Les aliments que nous mangeons peuvent régénérer ou affaiblir notre corps.

Notre façon de manger est aussi importante que ce que nous mangeons. Si nous sommes émotionnellement perturbés lorsque nous mangeons, la nourriture ingérée risque de déséquilibrer le corps. Si nous mangeons trop vite ou trop abondamment, les aliments, mal digérés, nous prédisposent à une mauvaise santé. Manger dans le calme, avec gratitude, contribuera à notre bien-être et à l'équilibre corporel.

Suivre un régime ayurvédique n'est pas difficile. Tout aliment qui aggrave un *dosha* possède de nombreuses alternatives, des aliments savoureux, bénéfiques et équilibrants qui le remplacent avantageusement. Plus nous écoutons les besoins de notre corps, plus nous serons attirés vers une nourriture naturelle et simple. Les mauvaises habitudes alimentaires sont généralement le résultat d'un conditionnement familial et social que nous pouvons changer en faisant des choix plus bénéfiques pour nous. Quelques modifications très simples du régime alimentaire apportent parfois un changement spectaculaire au niveau de la santé.

C'est le réseau entier de la vie qui est affecté par nos choix alimentaires. Opter pour une nourriture saine est l'un des meilleurs moyens d'avoir un corps résistant et un esprit équilibré, tout en honorant notre Mère Nature et en respectant ses créatures. Nous vous invitons à prendre conscience de l'impact de vos choix alimentaires sur vous-même et sur la terre. Puissent ces informations apporter compréhension et inspiration afin que nous mangions une nourriture saine et permettions ainsi à notre corps d'être un meilleur outil de service et un meilleur véhicule de la conscience.

Equilibrer votre alimentation

Puisque l'ayurvéda définit le corps en terme de constitution, les recommandations diffèrent selon les personnes. L'ayurvéda explique que des forces subtiles influencent la nature et les êtres humains. L'univers est composé de cinq éléments majeurs : l'espace, l'air, le feu, l'eau et la terre. Toute la création est la danse ou le jeu de ces cinq éléments. Ils agissent les uns sur les autres pour constituer les trois *doshas* (ou humeurs) : *vata*, *pitta* et *kapha*. Le mot *dosha* signifie en fait « impureté » ou « déséquilibre ». Les *doshas* sont responsables des processus biologiques, psychologiques et physiologiques dans notre corps, notre mental et notre conscience. Quand les doshas sont en harmonie, nous sommes en équilibre. La proportion des *doshas* diffère selon chaque individu.

Bienfaits d'une alimentation correspondant à votre *dosha* (constitution) :
- amélioration de la santé et de la mémoire, jeunesse
- augmentation d'énergie, endurance et force
- diminution des déséquilibres
- prévention des déséquilibres
- meilleure gestion du stress et de l'anxiété
- amélioration du sommeil et de la concentration
- amélioration de la digestion, du métabolisme et de l'élimination
- meilleure santé de la peau et du teint
- ralentissement du processus de vieillissement
- des enfants plus sains
- renforcement du système immunitaire
- équilibre pondéral
- amélioration de la méditation et de la pratique du yoga.

L'étude suivante vous donne une idée de votre (vos) *doshas* prédominant(s). N'oubliez pas que c'est seulement une vue d'ensemble. La meilleure façon de déterminer votre *doshas*/alimentation idéale est de consulter un praticien ayurvédique qualifié.

Déterminer Prakriti : votre constitution personnelle

Aspects	Vata	Pitta	Kapha
Mental	rapide, agité	vif, agressif	calme, posé, stable
Mémoire	à court terme	bonne	à long terme
Emotions	peur, insécurité	colère, irritabilité	attachement, avidité
Pensée	changeante	normalement posée	posée
Concentration	à court terme	au-dessus de la moyenne	à long terme
Rêves	peur, actifs	colère, fougueux	calmes, fluides
Sommeil	léger, perturbé	paisible, moyen	profond, long
Parole	rapide, saccadée	claire, rapide, tranchante	lente, claire, douce
Voix	aigüe, faible	normale	basse
Corpulence	mince	moyenne	forte
Poids	faible	modéré	élevé
Peau	sèche, rêche	douce, grasse	épaisse, grasse
Cheveux	secs	normaux	gras
Couleur des cheveux	foncé/clair	roux/gris	marron, noir

Alimentation ayurvédique

Volume de la chevelure	moyen	fin	épais
Dents	Dents qui avancent,	normales, fines	grosses, épaisses
Yeux/Regard	petits, secs, vifs	pénétrants,	grands, attirants
Appétit	faible, variable	important	normal
Points faibles	nerfs, douleur	reliés à la chaleur	mucus
Soif	variable	excessive	faible
Selles	sèches, dures, constipation	huileuses, liquides, molles,	huileuses lentes, épaisses
Activité	très actif	modéré	lent
Endurance	normale	bonne	élevée
Force	normale	au-dessus de la moyenne	excellente
Pouls	serpent, faible, ténu	grenouille, modéré, bondissant	cygne, ample, lent
Total :	Vata :	Pitta :	Kapha :

Une alimentation adaptée aux *doshas* a pour but de les ré-harmoniser en se basant sur la constitution personnelle et les déséquilibres qui existent. Si, par exemple, vous avez une prédominance de caractéristiques *vata* ou si vous avez des symptômes/maladies de type *vata*, il est bon de suivre une alimentation qui apaise *vata*. N'oubliez pas que ce sont seulement des indications générales. Les besoins alimentaires varient en fonction de la saison, de l'âge, de la capacité digestive, du lieu et du climat. Il est souvent nécessaire de combiner les principes des différents *doshas* en se fondant sur les besoins individuels du moment. Ces indications sont un bon point de départ. Ces listes ne comportent délibérément ni viande ni œufs ; ce point sera discuté ultérieurement.

Aliments qui équilibrent vata

La saison de *vata* est la saison sèche, venteuse et froide. Les qualités de *vata* augmentent alors naturellement et l'on doit faire particulièrement attention à maintenir l'équilibre. Pendant cette période, il faut prendre des boissons et des aliments chauds en quantité, des aliments plus lourds et plus gras et manger plus d'aliments sucrés, aigres et salés. Eviter les aliments crus/froids et secs, les boissons froides, diminuer les goûts piquants, amers et astringents.

Les symptômes d'un excès de *vata* sont (mais ne sont pas limités à cette liste) : constipation, insomnie, fatigue, amaigrissement, flatulences, gonflement, décoloration des selles et des urines, diminution des perceptions sensorielles, peur, anxiété, stress, sensation de froid et désordres immunitaires.

Les saveurs piquantes, amères, astringentes et les aliments légers, secs et froids, augmentent *vata*.

Les saveurs sucrées, aigres, salées et les aliments lourds, gras et chauds, diminuent *vata*.

Recommandations alimentaires pour le dosha vata :

- **Haricots** : réduire leur consommation qui augmente *vata* sauf les haricots mung, que l'on peut manger fréquemment, bien cuits, avec des herbes favorisant la digestion. Le tempeh et le tofu doivent être consommés avec modération.
- **Huiles** : toutes les huiles diminuent *vata*. L'huile de sésame et le *ghi* (beurre clarifié) sont les meilleurs.
- **Légumes** : les betteraves cuites, les carottes, les asperges, les oignons, les ignames et les patates douces sont excellents pour équilibrer *vata*. Le céleri, le gombo, les courgettes, le potiron, la courge, les haricots verts, les graines de moutarde et le chou « kale » sont également un bon choix. Si l'on veut équilibrer *vata*, il vaut mieux éviter les légumes crus. Cuisinez avec un peu de *ghi*, d'huile végétale ou de beurre. De petites quantités d'épices qui réduisent *vata* peuvent

être utilisées. Consommer les autres légumes avec modération et veiller à ce qu'ils soient bien cuits.
- **Epices** : en petites quantités, cuisinées avec les plats, le poivre noir, les graines de moutarde, le cumin, le gingembre, la cannelle, le fenouil, le fenugrec, la coriandre, le curcuma, le basilic, le persil, le persil chinois, les graines de moutarde noire, l'origan, le thym, le safran et la cardamome équilibrent *vata*. Usage modéré des piments et du poivre rouge.
- **Céréales** : la quinoa, le riz basmati, l'avoine et le millet sont très bons pour équilibrer *vata*. Réduire le seigle, l'orge et le maïs.
- **Fruits** : les fruits sucrés et aigres sont bons pour *vata*. Ceci inclut les oranges, les avocats, le raisin, les pêches, les melons, les figues fraîches, les papayes, les baies, les cerises, les mangues, les ananas, les pommes, les poires, les kakis, les bananes, les citrons verts, les citrons et les pamplemousses.
- **Edulcorants** : sucre de canne roux, mélasse, stévia et miel sont les meilleurs choix pour *vata*. Modérément : tous les édulcorants non synthétiques.

- **Oléagineux/graines** : tous s'ils sont pris avec modération.
- **Produits laitiers** : s'il n'y a pas d'intolérance au lactose, tous les produits laitiers non homogénéisés et biologiques sont bons pour *vata*, en particulier le *ghi*, le petit lait et le yogourt. Pour une digestion aisée : faire bouillir le lait et le boire chaud.

Aliments qui équilibrent pitta

La saison chaude et sèche est la saison de *pitta*. Durant cette période, préférez des boissons et des aliments rafraîchissants. Mangez des aliments sucrés, amers et astringents, des fruits frais et sucrés ainsi que des légumes poussant pendant la saison *pitta*. Diminuez les aliments piquants, aigres et salés. Evitez le yaourt, le fromage, les tomates, le vinaigre et les épices relevées qui augmentent *pitta*.

Les symptômes d'un excès de *pitta* sont (mais ne sont pas limités à cette liste) : faim ou soif excessive, sensation de brûlure sur la peau, les yeux ou aux extrémités, éruptions, fièvre, teint jaune, maladies de type inflammatoire, colère, rage, haine, jalousie et impatience.

Aliments qui équilibrent pitta

Les saveurs piquantes, aigres, salées et les aliments épicés, légers et secs augmentent *pitta*.

Les saveurs sucrées, amères, astringentes et les aliments froids, lourds et gras diminuent *pitta*.

Recommandations alimentaires pour le dosha pitta :

- **Haricots** : prenez principalement des azukis, des haricots mung et du tempeh. Toutes les légumineuses à l'exception des lentilles sont bonnes. Evitez les produits à base de soja comme le tofu.
- **Matières grasses** : beurre, *ghi*, huile d'olive, de tournesol et de noix de coco conviennent le mieux au *dosha pitta*. Réduisez les huiles d'amande, de maïs et de sésame qui augmentent *pitta*.
- **Légumes** : asperges, choux, concombre, pois, gombos, courgettes, haricots verts, racine de bardane, navets, panais, carottes, brocolis, chou-fleur, graines germées, céleri, légumes à feuilles vertes. Les crudités sont excellentes pour *pitta*, en particulier en été.
- **Epices** : curcuma, coriandre, cannelle, fenouil, menthe et cardamome conviennent à *pitta*. Evitez les piments et le poivre de Cayenne, qui aggravent *pitta*.

- **Céréales** : orge, avoine, riz blanc basmati et épeautre équilibrent *pitta*. Occasionnellement : riz complet, maïs, millet et seigle.
- **Fruits** : fruits astringents et sucrés comme le raisin, la noix de coco, les cerises, l'avocat, les melons, les mangues, les grenades, les pruneaux, les oranges, les prunes, les pommes, les poires, la canneberge et les ananas sont bons. Réduire les fruits aigres comme les olives, les ananas ou les bananes insuffisamment mûrs.
- **Edulcorants** : tous les édulcorants naturels conviennent à *pitta*, évitez cependant de prendre du miel en grande quantité.
- **Oléagineux/graines** : évitez totalement les oléagineux. Les graines de tournesol en petite quantité uniquement, les graines de chanvre peuvent être consommées régulièrement.
- **Produits laitiers** : s'il n'y a pas d'intolérance au lactose, le lait cru non homogénéisé, biologique ainsi que le beurre et le *ghi* apaisent *pitta* s'ils sont consommés avec modération. Réduire les fromages, le yaourt, les crèmes aigres, le petit-lait artisanal qui aggravent *pitta*.

Aliments qui équilibrent kapha

La saison humide, pluvieuse et froide est celle de *kapha*. Durant cette saison, mangez des aliments légers, gras, chauds et buvez des boissons chaudes. Choisissez des aliments au goût piquant, amer et astringent. Evitez ceux qui sont sucrés, salés ou aigres.

Les symptômes d'un excès de *kapha* sont (liste non exhaustive) : perte d'appétit, sensation de lourdeur dans le corps, mains et pieds froids, articulations enflées, toux avec mucus, sommeil excessif, léthargie, ennui, manque de concentration et d'inspiration.

Les saveurs sucrées, aigres, salées et les aliments lourds, gras et froid renforcent *kapha*.

Inversement, les saveurs piquantes, amères et astringentes et les aliments légers, secs et épicés diminuent k*apha*.

Recommandations alimentaires pour le dosha kapha :
- **Haricots :** tous sont bons sauf les haricots nains. Réduire le tofu.
- **Matières grasses :** évitez de grandes quantités d'huile, quelle qu'elle soit. Huiles d'amande et de tournesol en petite quantité seulement. On

peut prendre du *ghi* en petite quantité avec des épices.
- **Légumes** : doivent être bien cuits et bien relevés. Tous les légumes sont bons sauf les concombres, les aubergines, les courges, les épinards, les patates douces et les tomates. Les radis, les navets, les légumes à feuilles de couleur foncée, le céleri, le chou et les graines germées conviennent tout particulièrement au tempérament *kapha*.
- **Assaisonnement/Epices** : évitez le sel qui augmente *kapha*. Toutes les épices sont bonnes surtout le poivre de Cayenne, le poivre noir, l'ail, le gingembre, les graines de moutarde noire et les piments qui augmentent tous le feu digestif.
- **Céréales** : celles qui conviennent tout particulièrement sont l'orge, la quinoa, l'amaranthe, le sarrasin, le seigle et le maïs. Evitez le blé et le riz, le millet de temps en temps seulement.
- **Fruits** : légers et plutôt astringents tels que canneberge, abricots, baies, pommes et grenades. Les fruits secs (raisin, pruneaux) sont bons pour *kapha*. Evitez les fruits lourds, très sucrés ou aigres tels que raisins, bananes, figues,

oranges, noix de coco, ananas, dattes et melons qui augmentent *kapha*.
- **Edulcorants :** le miel et la stévia sont particulièrement indiqués pour *kapha*. Tous les autres édulcorants sont à éviter.
- **Oléagineux/graines :** diminuer les oléagineux. Prendre des graines de potiron, de chanvre et de tournesol avec modération.
- **Produits laitiers :** occasionnellement, du lait de chèvre cru, non homogénéisé et biologique ainsi que du petit-lait épicé en petites quantités. Les tempéraments *kapha* doivent autant que possible éviter les produits laitiers.

Tableau des combinaisons alimentaires

Afin de faciliter la digestion et le métabolisme, il vaut mieux privilégier des combinaisons simples. Le mélange d'un trop grand nombre d'aliments dans un repas peut provoquer indigestion, gonflement, flatulences et une sensation de mal-être. Des combinaisons alimentaires incorrectes entraînent la fermentation des aliments dans l'estomac, étouffent le feu digestif et créent des toxines. Afin de garantir une assimilation correcte et d'éviter la sensation de gonflement et/ou de fatigue après les repas, voici une proposition de quelques combinaisons alimentaires :

Ne pas associer	avec
Haricots	fruits, fromage, œufs, poisson, lait, viande, yaourt
Œufs	fruits, haricots, fromage, poisson, kichéri, lait, viande, yaourt
Céréales	fruits
Fruits	aucun autre aliment sauf dattes et amandes
Boissons chaudes	mangue, fromage, poisson, viande, féculents, yaourt, repas important
Citron	concombre, lait, tomate, yaourt
Melons	aucun autre aliment. Prenez une seule variété à la fois
Lait	bananes, baies, melon, fruits, pain, poisson, kichéri, viande
Solanacées	concombre, produits laitiers
Radis	bananes, raisins, lait
Tapioca/yaourt	fruits, fromage, œufs, poisson, boissons chaudes, viande, lait, solanacées

Acidité et alcalinité

Quand le corps est trop acide, différents symptômes peuvent apparaître : fatigue, arthrite, indigestion, acidité, ulcère, maux de tête, insomnie, tension nerveuse et ostéoporose. Une acidité chronique accélère le vieillissement et entraîne

Acidité et alcalinité

la dégénérescence des tissus. Une alimentation à prédominance de fruits et légumes frais avec de petites quantités de céréales complètes et de protéines favorise l'alcalinité. Une alimentation à base de viande, d'aliments industriels ou contenant des hydrates de carbone en excès crée de l'acidité. Il est conseillé de consommer 80 % d'aliments alcalins et 20 % acides.

Aliments acidifiants

Céréales
Amaranthe
Avoine (flocons)
Epeautre
Farine de blé
Kamut
Lait de riz
Maïs
Orge
Pâtes blanches
Quinoa
Riz (tous)
Sarrasin
Seigle

**Drogues
et produits
chimiques**
Drogues
Herbicides
Médicaments
Pesticides
Produits
chimiques

Edulcorants
Sucre blanc
Sucres artificiels

**Féculents et
légumes**
Cacahuètes
Haricots blancs
Haricots Lima
Haricots nains
Haricots noirs
Haricots Pinta
Haricots rouges
Lait de soja
Lentilles
Petits pois
Pois chiches
Soja

Fruits
Canneberge
Milk-shake
Tomate

**Matières grasses
et huiles**
Huile d'avocat
Huile d'olive
Huile de
carthame
Huile de colza
Huile de lin
Huile de maïs
Huile de sésame
Huile de
tournesol
Huile hydrogénée
Lard
Margarine

Produits laitiers
Beurre
Fromages
Glace
Lait

Alimentation ayurvédique

Oléagineux et beurres végétaux
Beurre de cacahuètes
Cacahuètes
Lait d'amande
Noix
Noix de cajou
Noix de pécan
Noix du Brésil
Tahini (beurre de sésame)

Divers
Alcool
Boissons carbonées
Boîtes de conserve
Café
Chocolat
Eau traitée
Germes de blé
Œufs
Plats cuits au micro-ondes
Pommes de terre
Sel ionisé
Thé noir
Toutes les viandes
Vinaigre distillé

Aliments alcalinisants

Edulcorants
Stévia

Epices/ Assaisonnements
Cannelle
Curry
Gingembre
Miso
Moutarde
Piments forts
Sel de mer
Tamarin
Tous les aromates

Fruits
Abricot
Ananas
Avocat
Banane
Cantaloup
Cerises
Citron
Citron vert
Dattes
Figues
Fruits tropicaux
Mandarine
Melon d'Espagne
Nectarine
Noix de coco
Orange
Pamplemousse
Pastèque
Pêche
Poire
Pomme
Raisin
Toutes les baies

Légumes
Ail
Alfafa
Algue chlorella
Algues
Asperges
Betteraves
Blé en herbe
Brocolis
Carde
Carottes
Céleri
Champignons
Chou « kale »
Chou-fleur
Choux
Choux de Bruxelles
Concombre
Courge
Graines de moutarde
Graines germées
Laitue
Légumes fermentés
Oignons
Orge en herbe
Panais
Pissenlit

Pois	potiron	Jus de fruits frais
Poivre	Graines de	Jus de légumes
Potiron	tournesol	Kombucha
Rutabaga	Graines germées	Lait biologique
Spiruline	Millet	non pasteurisé
	Noix germées	Levure
Protéines	Tempeh	Pollen
Amandes		Thé au ginseng
Châtaignes	**Divers**	Thé bancha
Graines de lin	Cidre	Tisanes
Graines de	Eau minérale	Vinaigre

Alimentation biologique

La nature offre toutes ses richesses à l'Homme. Il nous faut la servir en retour, c'est la seule manière de préserver l'harmonie entre la nature et l'homme.
— Amma

Autrefois, l'agriculture traditionnelle utilisait des méthodes qui respectaient les rythmes naturels et employait uniquement des substances issues de la nature. Depuis que s'est répandue l'utilisation des engrais chimiques, des pesticides, des herbicides, l'équilibre de la nature a été bouleversé, ce qui menace notre environnement extérieur et intérieur.

De nombreux agriculteurs, remarquant ces effets désastreux, sont revenus à une agriculture biologique qui accroît la fertilité des sols et restaure l'harmonie de la nature. Ces techniques agricoles incluent des apports naturels tels que le compost, le fumier, des préparations biodynamiques et une rotation correcte des cultures. Les plantes qui poussent dans ces sols équilibrés, fertiles, sont robustes et saines. Elles résistent aux maladies et aux parasites de la même manière qu'un corps sain et en bonne santé résiste à la maladie.

Les pesticides et les engrais chimiques ne sont pas nécessaires à l'agriculture. Ils détruisent la vie des sols et la santé des plantes. Les résidus de ces pesticides et herbicides toxiques, consommés avec la nourriture, s'accumulent dans les tissus du corps humain. On les trouve aussi dans les cours d'eau et leurs effets se répandent rapidement dans la nature. Plus de vingt-cinq millions de tonnes de pesticides sont utilisés chaque année dans le monde.

Outre le fait qu'ils sont totalement dépourvus de produits chimiques, les aliments certifiés biologiques ne subissent jamais d'irradiation après récolte. Pour être garantis biologiques, les produits agricoles doivent provenir de sols certifiés exempts de contamination par les métaux lourds. Il est scientifiquement reconnu que l'accumulation de ces substances toxiques dans notre corps est à l'origine de beaucoup de problèmes de santé tels que la baisse de l'immunité, le cancer, les allergies, les maladies auto-immunes, la baisse de la fertilité, les maladies congénitales. Dans le monde entier, ce sont chaque année près de cinq millions de personnes qui souffrent de symptômes d'empoisonnement par les pesticides. En outre, dix mille personnes en meurent. Des études scientifiques ont montré que la durée de vie des agriculteurs conventionnels est nettement plus courte que celle des agriculteurs biologiques.

Beaucoup d'aliments non biologiques répandus dans le commerce sont actuellement génétiquement modifiés. Les organismes génétiquement modifiés (OGM) présentent un très grand danger pour les humains et pour l'écosystème. Beaucoup d'espèces animales, telles que le papillon grand monarque, sont en voie d'extinction à cause des OGM. Pour les végétariens, les OGM posent un problème supplémentaire car ils sont très souvent génétiquement modifiés avec de l'ADN animal. Selon l'hypothèse de plusieurs experts, les aliments OGM affecteront à la longue l'ADN de l'être humain. Les OGM étant de création récente, leurs effets à long terme sont inconnus.

En Inde et dans d'autres pays en développement, des sociétés occidentales fabriquant des pesticides et des OGM font une promotion agressive en faveur d'un usage massif des produits chimiques en agriculture, ce qui a pour conséquence grave l'épuisement des sols et la contamination de l'eau. Beaucoup d'insectes sont de plus en plus résistants aux pesticides et de fortes doses de produits chimiques restent parfois sans effet. Ceci explique pourquoi beaucoup d'agriculteurs observent, d'année en année, une diminution plus ou moins marquée de leurs récoltes. Ayant contracté des dettes importantes avec ces sociétés, les agriculteurs sont désespérés. Malheureusement, nombreux sont les agriculteurs indiens qui se suicident en buvant ces pesticides. Amma a exprimé son inquiétude à ce sujet et a entrepris d'aider les agriculteurs et leurs familles. Choisir des aliments biologiques, non-transgéniques est aussi une manière de mettre fin à cette tragique situation.

Les aliments certifiés biologiques contiennent beaucoup plus d'éléments nutritifs que les autres, les consommateurs sont donc gagnants. De nombreuses personnes trouvent également les aliments biologiques plus savoureux. L'énergie vitale qu'ils contiennent est plus élevée que celle des aliments non biologiques. Il est donc évident que manger des aliments biologiques est le premier pas vers une meilleure santé pour l'individu et pour la planète.

L'eau : fontaine de vie

L'eau est essentielle à la vie. Notre corps est constitué de 80 % d'eau. Nous pouvons comprendre l'importance d'une bonne hydratation en comparant un morceau de fruit frais et un morceau de fruit sec. Sans une hydratation correcte, le corps se dessèche, devient dur et rigide. L'eau apporte de l'oxygène, des éléments nutritifs et la vie à nos cellules. L'être humain peut survivre longtemps sans nourriture mais peu de temps sans eau. Lorsque nous avons soif, notre corps est déjà déshydraté. Prendre l'habitude de boire tout au long de la journée augmente l'énergie, la vitalité et ralentit le vieillissement.

Il est recommandé de boire 2 à 3 litres d'eau par jour pour prévenir la déshydratation. La soif est souvent interprétée comme une sensation de faim. Bien souvent, boire de l'eau fait disparaître les fausses envies de manger. Sans une hydratation correcte, les éléments nutritifs des aliments ne sont pas proprement assimilés et les toxines ne sont pas totalement éliminées. La déshydratation est l'une des causes principales de constipation.

Buvez soit de l'eau de source soit de l'eau filtrée. Vous pouvez augmenter le taux d'oxygène de l'eau en ajoutant des céramiques EM-X ou en agitant la bouteille. Il s'opère ainsi une restructuration cellulaire de l'eau qui oxygène plus aisément les tissus et la lymphe et donne de l'énergie aux cellules. En occident, les eaux municipales sont souvent contaminées par des produits chimiques nocifs qui emportent avec eux les minéraux contenus dans les os et le sang. Ces produits chimiques peuvent engendrer de graves problèmes de santé, tels que désordres immunitaires, affaiblissement du système nerveux, ostéoporose, nausée et acidité. Evitez aussi de boire de l'eau en bouteille de plastique fin car ce dernier contient des éléments cancérigènes qui contaminent l'eau.

Aliments stimulants et revitalisants

Il n'est pas toujours possible de manger biologique et de boire de l'eau pure. Mais il est possible de revitaliser les aliments pauvres en nutriments en récitant des *mantras* tout en cuisinant et avant les repas. En fait, il a été prouvé scientifiquement que le chant de *mantras* et la prière régénèrent instantanément les aliments et l'eau. Le Dr. Masaru Emoto, un scientifique japonais, a démontré que les *mantras*, le sentiment de gratitude et une intention aimante peuvent changer la structure cellulaire de l'eau. Le même phénomène se produit avec les plantes et les aliments.

Allergies alimentaires les plus répandues

Un nombre étonnant de problèmes de santé proviennent d'allergies, d'intolérances et de sensibilité alimentaires. Les allergies les plus répandues concernent le blé, le sucre, les œufs et les produits laitiers. Le simple fait d'éliminer ces aliments peut résoudre beaucoup de problèmes de santé. Pour déterminer les allergies et les sensibilités alimentaires il suffit de retirer l'aliment allergisant supposé pendant une semaine à dix jours, de le réintégrer ensuite dans l'alimentation et d'observer les effets sur l'organisme. Le dépistage allopathique des allergies et le diagnostic de la prise de pouls en ayurvéda sont également des moyens efficaces pour déterminer les allergies alimentaires. Parfois, les intolérances alimentaires sont causées par la quantité de nourriture ingérée. Par exemple, certaines personnes se sentiront bien après avoir mangé de petites quantités de blé mais auront une indigestion après en avoir consommé une grande quantité.

Le candida est souvent une cause d'allergie alimentaire. C'est une prolifération anormale de la levure (c'est un champignon) Candida Albicans qui fait partie de la flore intestinale. Cette prolifération anormale peut provenir de la consommation de sucres raffinés, d'hydrates de carbone, de levure, d'antibiotiques, d'alcool, de certains médicaments comme la pilule contraceptive et du stress. Le candida cause, entre autres, de nombreux problèmes intestinaux, immunitaires et neurologiques. Les symptômes se caractérisent par de la fatigue, des problèmes digestifs, des maux de tête, des pertes vaginales et un affaiblissement de l'immunité.

Le blé

La moitié des êtres humains est sensible, allergique ou intolérant au blé. Les symptômes sont : maux de tête, ventre gonflé, diarrhée, constipation, fatigue, éruptions cutanées, arthrite, douleurs poitrinaires, dépression, humeur instable, eczéma,

Allergies alimentaires les plus répandues

vertiges, douleurs musculaires et articulaires, nausée, envie de vomir, palpitations, psoriasis, éternuement, toux, gorge ou langue enflées, problèmes au coucher ou au lever, nez et yeux qui coulent ou qui démangent et manque de concentration.

Les maux et maladies directement reliés aux allergies et à la sensibilité au blé sont les suivants : arthrite, artériosclérose, rhumatisme, problèmes immunitaires, sclérose en plaques, Alzheimer, Parkinson, syndrome du côlon irritable (IBS), cancers du côlon, de l'utérus, du sein, lymphome, problèmes cardiaques, maladie de Crohn, goutte, hypertension et brûlures d'estomac.

Pour les personnes non allergiques ou qui ne souffrent pas de Candida, le blé est hautement nutritif. C'est l'une des céréales les plus fortifiantes. Elle contribue au développement des tissus musculaires et donne l'énergie nécessaire à l'effort physique. La meilleure façon de consommer le blé est soit germé soit sous forme de *chapattis* (fines galettes). Il réduit un *vata* élevé en apaisant le mental et fortifiant le cœur. Il est également excellent contre l'insomnie. Comme il est principalement constitué de l'élément terre (*kapha*), ceux qui ont un excès de *kapha* devront réduire sa consommation. Celle-ci doit être limitée en cas de toxines dans le corps, de rhume ou de congestion.

Substituts au blé

De nos jours, il existe plusieurs variétés de pains, tels qu'épeautre et millet, qui ne contiennent ni blé ni gluten. Les pâtes à l'épeautre ou au riz sont une excellente alternative. Des céréales comme l'avoine, le millet, le quinoa, etc. sont des aliments de base hautement nutritifs. En Inde, les *doshas* (crêpes épaisses), *outapam* (crêpes épaisses aux oignons) et *idly* sont une bonne alternative au blé.

Le sucre

L'intolérance au sucre raffiné est très répandue et se manifeste souvent par une fatigue chronique, de la dépression, une humeur changeante, des problèmes de comportement et de mémoire, une faible concentration, des problèmes intestinaux et des maux de tête. Les gens ont souvent une envie irrésistible d'aliments que leur corps ne tolère pas. C'est vrai pour le sucre et cela entraîne une consommation excessive.

Outre l'intolérance, notre santé peut aussi souffrir des sucres raffinés d'une autre manière. Ils n'ont aucune valeur nutritionnelle, ils sont une source d'énergie mais ils manquent de vitamines et

Allergies alimentaires les plus répandues

---

de minéraux. En fait, pour assimiler le sucre blanc, l'organisme puise dans ses réserves de vitamines, de minéraux et d'éléments nutritifs, en particulier le potassium, le magnésium, le calcium et les vitamines B. La consommation de grandes quantités de sucre raffiné conduit à une déficience en éléments nutritifs. Elle est responsable de l'obésité, du diabète, de l'hypertension et de problèmes cardio-vasculaires. Ces maladies sont très répandues et affectent même les personnes jeunes. Le sucre raffiné est également cause de caries dentaires, a un effet nocif sur la flore intestinale favorisant la prolifération d'hôtes intestinaux comme le Candida. Les naturopathes ont depuis longtemps fait la relation entre des intestins en bonne santé et un corps sain. Le fait est maintenant prouvé scientifiquement. Un lien direct a été établi entre une flore intestinale saine et une bonne immunité.

La plupart des gens consomment une quantité de sucre raffiné bien supérieure à ce que leur corps peut utiliser. Aux Etats-Unis, la consommation de sucre par personne est en moyenne de 59 kg par an, ce qui revient à environ 150 g par personne et par jour. La plupart du temps, les gens ne sont pas conscients de la grande quantité de sucre raffiné que contiennent les aliments tout préparés.

Substituts au sucre blanc

Dans la tradition ayurvédique, le sucre de canne non raffiné est utilisé comme tonique pour régénérer et lutter contre le manque d'énergie. Il entre souvent dans la composition des remèdes, comme par exemple le *chayawanprash*.

Jaggery : s'il est de bonne qualité, c'est un excellent substitut car il contient de nombreux minéraux facilement digestibles et n'augmente pas la tension artérielle comme le sucre blanc. Egalement bénéfique pour le foie et la rate.

Stévia : c'est le parfait édulcorant car il contient des éléments nutritifs bienfaisants. Des recherches récentes montrent qu'il corrige le diabète et équilibre le taux de sucre dans le sang.

Fructose : le fructose extrait des fruits est également un excellent choix. Cependant, il peut provoquer des montées de tension ; ceux qui souffrent de candidose doivent en consommer modérément.

Sucanat/Turbinado : c'est du pur sucre de canne non raffiné. Le sucanat de très bonne qualité est riche en minéraux et bon pour le foie, la rate et le pancréas. Néanmoins, les personnes souffrant de candidose ou sensibles au sucre doivent réduire tous les sucres.

Allergies alimentaires les plus répandues

Sucre de datte/Mélasse « blackstrap » : tous deux contiennent des nutriments nécessaires tels que le fer.

Miel/Nectar : tous deux contiennent de nombreux nutriments et accroissent le pouvoir d'assimilation. L'ayurvéda dit que le miel ne doit jamais être chauffé. Un miel chauffé se transforme en une substance collante qui adhère aux muqueuses et bouche les canaux grossiers comme les canaux subtils, produisant des toxines. Le miel non chauffé est considéré comme *amrita*, du nectar.

Les sucres synthétiques ne sont pas de bons substituts. Des tests en laboratoires ont montré que ce sont des neurotoxines cancérigènes.

Lait/Produits laitiers

L'intolérance au lactose affecte au moins une personne sur cinq. Les symptômes sont semblables à ceux du blé et du sucre. S'il n'y a pas d'intolérance, le lait cru, biologique, non homogénéisé et non pasteurisé apporte de grands bienfaits. Ce n'est pas le lait lui-même, ce sont les traitements qu'il subit qui engendrent des déséquilibres dans l'organisme.

En ayurvéda, le lait a traditionnellement été considéré comme un aliment complet et parfait. Les yogis et les *rishis* en consommaient quotidiennement afin d'améliorer leur santé. Malheureusement, de nos jours, il est rare de trouver du lait de bonne qualité. Dans le passé, les vaches paissaient librement, respiraient l'air frais, broutaient de l'herbe fraîche, absorbaient la lumière pure du soleil et étaient traitées avec amour et respect.

Aujourd'hui, la majeure partie des vaches laitières passent leur vie enfermées dans des espaces confinés, gavées d'hormones et d'antibiotiques afin qu'elles grossissent rapidement et qu'elles produisent davantage de lait. Quand elles ne peuvent plus rien donner, la plupart d'entre elles sont menées à l'abattoir.

De nos jours, beaucoup d'éleveurs administrent de grandes quantités d'hormones de croissance et d'antibiotiques à leurs vaches et certains d'entre eux en font même un argument de vente. Ceci est l'expression d'un manque total de compréhension. Selon une croyance répandue, la consommation de produits laitiers augmenterait la résistance du corps aux antibiotiques et rétablirait la flore intestinale. C'est méconnaître totalement les conséquences de l'ingestion d'hormones de croissance. Il est prouvé qu'elles ont l'effet opposé et qu'elles affectent les systèmes immunitaire, hormonal et nerveux. Il semble qu'elles jouent aussi un rôle dans l'apparition de certains cancers, en particulier le cancer du sein.

La pasteurisation est un procédé de stérilisation qui consiste à chauffer un produit à haute température pour détruire les germes pathogènes et nuisibles à la consommation. Au cours de ce procédé, beaucoup de vitamines indispensables

sont détruites et la structure chimique du lait est modifiée. L'ayurvéda explique qu'après la pasteurisation, les enzymes du lait sont détruits, ce qui entraîne des problèmes d'assimilation et une augmentation des toxines dans le côlon.

L'homogénéisation a été introduite en 1932. C'est un procédé qui consiste à faire passer le lait par de fines buses sous une pression énorme (environ 2000 kg par 2,5cm^2) pour en fragmenter les globules et les mettre en suspension. La taille des globules de matières grasses est alors si réduite qu'ils ne peuvent plus se séparer du reste du lait. Le corps est incapable d'assimiler correctement le lait sous cette forme. Les matières grasses se déposent sur les parois des artères formant des plaques d'athérosclérose. En se développant, celle-ci cause des crises cardiaques et des lésions vasculaires cérébrales. Des études ont également montré que les molécules de lait homogénéisé non digérées conduisent à l'hypertrophie de la prostate et au cancer. Les laits écrémés et demi-écrémés ne sont pas différents. La pasteurisation et l'homogénéisation changent de toute façon la structure chimique du lait.

Par conséquent, les produits laitiers conventionnels sont cause de nombreux problèmes tels qu'acidité, crampes, nausée, diarrhée, flatulence, gonflement, obstruction nasale, mucus, plaques mucoïdales dans le côlon et beaucoup d'autres encore. En conclusion, il vaut mieux consommer des produits laitiers non homogénéisés, non pasteurisés et provenant de vaches qui sont traitées avec amour.

Produits laitiers sains et substituts

Le lait cru est bien mieux assimilé que le lait homogénéisé. Il nourrit les tissus, les os et les cheveux. Au lieu de lait homogénéisé, il est préférable d'acheter du lait de vache, de chèvre ou de brebis sans hormone et sans antibiotique. Faites-le bouillir pendant une minute pour le stériliser sans trop détruire de nutriments. On peut faire de bons fromages et yaourts avec du lait cru. Les personnes allergiques au lactose choisiront des produits laitiers à base de lait de chèvre et de brebis qui n'en contiennent que de petites quantités. Consommés avec modération, ils sont souvent plus digestes que les produits laitiers à base de lait de vache.

Avant l'apparition du procédé de l'homogénéisation, le lait était l'aliment de base dans de nombreuses cultures. Le lait qui n'a subi aucune transformation est très bon pour la santé. Cependant, la consommation de produits laitiers recommandée par l'ayurvéda varie selon le *dosha* de chacun (Voir le chapitre sur les *doshas*).

Le *ghi* est du beurre non salé qui a été chauffé pour en éliminer les impuretés. On peut le conserver sans le mettre au frais. Il nourrit tous les *dhatus* (tissus), favorise l'assimilation et l'absorption, nourrit le système nerveux et lubrifie les articulations et les muscles. Il favorise le développement des enzymes digestifs et est bon pour le foie. C'est une matière grasse bonne pour la santé car il n'augmente pas le taux de cholestérol mais aide à fabriquer du bon cholestérol. Contrairement à la plupart des matières grasses, le *ghi* peut être chauffé longtemps sans produire de radicaux libres. On peut donc l'utiliser pour cuisiner. Il est couramment utilisé comme agent de transmission en médecine ayurvédique car il facilite le transport des nutriments dans le corps.

Il existe de plus en plus de substituts au lait disponibles dans le monde entier. Le lait de riz, de chanvre, d'amande, d'avoine et de noisette sont autant d'alternatives au lait. Ils sont d'excellentes options pour les personnes qui souffrent d'intolérance au lactose. Le lait de soja, bien que plus répandu que les autres, doit être consommé avec prudence. De nombreuses personnes, sensibles au soja, peuvent avoir des problèmes pour digérer des aliments à base de soja. Il existe également des yaourts et du fromage de soja.

Que contient votre assiette ?

Le nombre des malades augmente rapidement et en conséquence, de nombreuses personnes éprouvent le besoin de changer leur alimentation. Beaucoup d'« aliments » que nous consommons quotidiennement détruisent rapidement notre santé, physique, mentale, émotionnelle et spirituelle. Ce chapitre a pour but de vous informer, afin que vous puissiez choisir, en connaissance de cause, le carburant (aliments) que vous mettez dans votre véhicule (le corps).

Voici une liste d'aliments qui nuisent considérablement à la santé et réduisent la longévité :

- Sel raffiné
- Caféine
- Aliments raffinés
- Aliments gras
- Aliments frits
- Aliments pauvres en fibres
- Conservateurs et additifs chimiques
- Sodas et boissons gazeuses
- Alcool

Le sel : l'ayurvéda dit que le sel augmente *pitta* et *kapha* et réduit *vata*. De petites quantités de sel augmentent l'appétit et rehaussent la saveur. En excès, le sel aggrave les *doshas*, chauffe les nerfs et ralentit la digestion. La plupart des gens consomment du sel raffiné en trop grandes quantités sous la forme de chlorure de sodium non biologique. Le sel, tout comme le sucre, entre dans la composition de beaucoup de conserves. Il entraîne une dépendance et, en excès, cause des problèmes reliés à *kapha* tels que : hypertension, fragilité des os, faiblesse rénale, rétention d'eau, durcissement des artères et faiblesse pulmonaire.

Sels bons pour la santé : sel de mer biologique, halite ou sel gemme, acides aminés liquides et sel himalayen. Tous contiennent des minéraux solubles dans l'eau sous une forme facilement assimilable. Les algues, chargées de minéraux ionisés à l'état de trace, sont une excellente alternative au sel. Tout en ajoutant un goût salé aux aliments, elles alcalinisent, oxygènent et minéralisent le sang et le corps. Elles favorisent également l'élimination des métaux lourds et des produits chimiques du corps. Toutes les algues sont bonnes : algue rouge, hijiki, wakame et kombu que l'on trouve dans la plupart des magasins biologiques et dans les marchés asiatiques. Le miso également donne un goût salé aux aliments tout en favorisant la digestion et en alcalinisant le corps.

Caféine : on la trouve dans le café, le thé, le chocolat et la noix de kola. Beaucoup de gens qui ne tolèrent pas la caféine en deviennent dépendants. Les symptômes courants sont : fatigue chronique, hypertension, palpitations, stress, anxiété, sautes d'humeur, irritabilité, colère, insomnie, nausée, indigestion, constipation, diarrhée, problèmes de foie et de reins. C'est un stimulant et son usage régulier épuise les réserves de l'organisme, affaiblit et stresse les glandes surrénales, les systèmes nerveux et immunitaire. Une consommation excessive peut conduire à l'ostéoporose et à des carences. Il vaut mieux l'éviter, en particulier pour les malades ou les personnes de constitution fragile.

Le café engendre beaucoup plus de problèmes que le thé car sa teneur en caféine est plus forte et il contient d'autres substances actives telles que la xanthine qui peut irriter les parois de l'estomac et détruire les bonnes bactéries. Le thé noir de haute qualité, pris avec modération, est bénéfique dans certaines circonstances. Cependant, sa consommation excessive peut entraver l'assimilation du fer, du calcium et du zinc, en particulier s'il est pris pendant les repas. Il est recommandé aux personnes qui souffrent d'un excès de *pitta* ou de *vata* (affaiblissement du système nerveux, problèmes de foie, d'insomnie, d'attention et de concentration et hyperacidité) d'éviter le thé noir.

Il existe plusieurs substituts au café et au thé noir. Le thé vert a un taux élevé d'antioxydants et on a découvert qu'il réduisait l'impact de certaines affections et de cancers. Yerba Mate, une tisane provenant d'Amérique du Sud, est un excellent substitut. Bien qu'elle contienne de la caféine, elle n'affecte pas le système nerveux ou le système digestif comme le café. Elle contient vingt-quatre vitamines et minéraux, quinze acides aminés, des antioxydants en abondance et de la chlorophylle. Le café en grain, la chicorée grillée, la racine du pissenlit, etc. sont des substituts sans caféine. Il existe aussi beaucoup de tisanes bienfaisantes et dépourvues de caféine.

On peut remplacer le chocolat par le cacao ou par du chocolat à l'état brut. Le cacao est la graine du fruit du cacaoyer appartenant au genre *theobroma* qui signifie « nourriture des dieux ». Les graines de cacao ne contiennent pas de sucre et sont très nutritives. Quand le cacao est transformé en chocolat par l'ajout de sucre et de lait, il perd beaucoup de ses propriétés. Dans sa forme brute, le cacao contient beaucoup d'antioxydants, de vitamines du type B et du magnésium qui contribuent à l'équilibre chimique du cerveau et à la fabrication d'os solides. Le chocolat contient moins de caféine que le café et la quantité est encore moindre dans le cacao. Des recherches récentes montrent que le cacao non traité a un effet stimulant sur le moral.

Aliments raffinés : les aliments raffinés tels que les farines blanches et le riz décortiqué sont pauvres en minéraux et en vitamines. Ils perdent beaucoup d'éléments nutritifs quand ils sont décortiqués. Leur consommation épuise le stock de vitamines B dans le corps, ce qui entraîne la fatigue. Ils fragilisent les os, augmentent le taux de sucre dans le sang et constipent car ils sont pauvres en fibres. Les aliments complets, non raffinés et non traités, sont toujours plus nourrissants.

Aliments riches en matières grasses : pour maintenir son équilibre, le corps humain a besoin d'un certain taux de matières grasses. Ces dernières fournissent deux fois plus d'énergie que les hydrates de carbone et sont nécessaires pour l'absorption de certaines vitamines (vitamines A,

D, E, K). Les acides gras essentiels sont nécessaires à la santé. Les acides gras saturés proviennent de graisses animales et de la noix de coco. Un excès de matières grasses animales peut entraîner un taux de cholestérol élevé, des maladies cardio-vasculaires ou l'obésité. Les acides gras polyinsaturés proviennent des légumes et, pris en quantité raisonnable, sont bons pour la santé. Les acides gras mono-saturés sont considérés comme les plus sains.

Les acides gras insaturés hydrogénés sont des matières grasses qui ont été modifiées afin de prolonger leur conservation. Elles sont solides à température ambiante et on les trouve souvent dans les margarines, les produits industriels et les aliments frits. Ils sont très toxiques car ils augmentent le cholestérol bien plus que les acides gras saturés et génèrent des radicaux libres. Les radicaux libres sont des molécules instables d'oxygène qui possèdent des électrons non appariés ou « célibataires ». Ils deviennent réactifs et font des ravages dans notre corps, endommageant sévèrement la structure cellulaire, ses membranes, ses graisses, ses protéines ainsi que l'ADN et l'ARN (les acides désoxyribonucléique et ribonucléique sont des acides présents dans les cellules et porteurs de caractères génétiques, n.d.t.). Ils sont une des causes majeures du cancer, des maladies cardiaques, de l'arthrite, des rhumatismes, de la goutte, de la dégénérescence du cerveau, des maladies d'Alzheimer et de Parkinson et de la sénilité. Les radicaux libres accélèrent également le processus de vieillissement du corps. Leurs effets sont dans une certaine mesure neutralisés par les fruits frais, les aromates et les légumes.

Les matières grasses les plus saines sont l'huile de noix de coco, le *ghi*, les huiles végétales de bonne qualité et les huiles à haute teneur en acides gras essentiels telles que l'huile de graines de chanvre, de lin et de primerose. Les personnes ayant une digestion lente, du cholestérol et des troubles liés à *kapha* doivent limiter leur consommation d'huile.

Aliments frits : la plupart sont cuisinés avec des huiles de qualité médiocre et à très haute température. Les huiles pour friture sont souvent hydrogénées et très nocives pour l'organisme, comme indiqué plus haut. Les aliments frits augmentent également l'obésité et le taux de cholestérol. Ceci favorise les accidents cardio-vasculaires. Pour la friture, il faut éviter en particulier les huiles de colza, de carthame, de soja et de cacahuètes car elles deviennent rances et cancérigènes plus rapidement que les autres. Il vaut mieux frire avec du *ghi* qui ne subit aucune transformation toxique pour l'organisme quand il est chauffé.

Aliments contenant des fibres : une alimentation riche en fibres est nécessaire. Les fibres réduisent le cholestérol, régulent le taux de sucre dans le sang, abaissent la tension artérielle, préviennent la constipation, facilitent la perte de poids et diminuent les toxines dans le corps. Aux Etats-Unis, la quantité journalière de fibres recommandée est de 30 à 40 g.

- *aliments pauvres en fibres :* pain blanc, bouillons, gâteaux, pommes de terre chips, nouilles, jus de fruit, tous les sous-produits animaux, sucre raffiné, œufs, pizza, glace, pâtisseries, riz blanc, farine blanche, lait et graisses ;
- *aliments riches en fibres :* céréales complètes, blé (en particulier germé), avoine, maïs, orge, millet, quinoa, riz basmati, riz complet, tous les haricots, pratiquement tous les légumes et la plupart des fruits.

Additifs et conservateurs : ils sont largement répandus dans l'alimentation courante. On les trouve dans pratiquement tous les aliments non biologiques et raffinés sous forme de conservateurs, d'émulsifiants et de stabilisants, d'antioxydants, de régulateurs d'acidité, d'agents antiagglomérants, d'arômes et de colorants. Leur toxicité potentielle a des conséquences multiples : allergies, asthme, sensibilité extrême, migraine, troubles du comportement, déséquilibre gastro-intestinal, gonflement, diarrhée et cancer.

De nombreux additifs tels que le butylhydroanisol et le butylhydrotoluène sont des anti-oxygènes qui produisent des toxines dans les systèmes nerveux et immunitaire. Les colorants Rouge n° 2, 40 et Jaune n° 5 sont cancérigènes. Le glutamate de sodium, parfois appelé « Sel chinois », apparaît sur les étiquettes sous le terme général de « arôme » ou parfois « arôme naturel ». Ce dernier a même causé des morts liées à un choc anaphylactique Si l'on veut rester en bonne santé, il vaut mieux choisir des aliments non raffinés, exempts de produits chimiques.

Boissons gazeuses/en conserve : ces boissons contiennent souvent de la caféine et du sucre. La quantité de boissons sucrées que boit un américain moyen est estimée à 252 litres par an. 56 pour cent des américains âgés de huit ans boivent des boissons sucrées quotidiennement et un tiers des adolescents boit au minimum trois cannettes de boisson gazeuse par jour. Une cannette d'environ 340 grammes de boisson gazeuse contient jusqu'à douze cuillerées à café de sucre.

Certaines boissons gazeuses sans sucre et sans caféine contiennent cependant des produits toxiques. L'acide phosphorique et l'aspartame entrent couramment dans la composition des sodas. L'acide phosphorique entrave l'assimilation du calcium, ce qui peut entraîner une ostéoporose et une fragilité des dents et des os. L'acide phosphorique neutralise également l'acide chlorhydrique sécrété par l'estomac causant des problèmes digestifs en rendant difficile l'assimilation des nutriments. Une étude menée par l'université d'Harvard en 1994 sur la fracture des os chez des athlètes adolescentes de 14 ans montre un lien évident entre la consommation de sodas à base de cola et ces fractures. Les adolescentes consommant ce type de soda présentaient cinq fois plus de risques de fracture que celles qui n'en buvaient pas.

L'aspartame est un produit chimique couramment utilisé comme substitut au sucre dans les boissons allégées. Il existe plus de quatre-vingt douze effets secondaires sur la santé dérivant de la consommation de l'aspartame dont, entre autres :

tumeurs cérébrales, malformations à la naissance, troubles émotionnels, crises d'épilepsie. De plus, s'il est stocké pendant longtemps ou conservé dans un endroit chaud, l'aspartame devient du méthanol, un alcool qui se transforme en acide formaldéhyde et en acide formique qui sont des agents cancérigènes connus.

Des chercheurs ont découvert que deux cannettes de soda suffisent à stopper la fonction immunitaire pendant cinq heures. Des études scientifiques ont montré qu'une ou deux boissons sucrées par jour augmentent de façon significative l'obésité, le diabète, les caries dentaires, l'ostéoporose, l'insomnie, le manque de concentration, la dépendance à la caféine, les carences alimentaires, les maladies cardiaques ainsi que les problèmes nerveux.

L'eau pure est la meilleure des boissons. Les entreprises spécialisées dans les produits biologiques fabriquent maintenant des boissons naturelles sucrées à base de cola en utilisant des extraits de plantes et des édulcorants non raffinés. Les jus de fruits et les tisanes sont de bons substituts aux boissons gazeuses.

Alcool : l'ayurvéda utilise certains alcools comme base pour certains remèdes, pour extraire les propriétés médicinales des plantes. Cependant, la consommation régulière d'alcool n'est pas recommandée car elle aggrave l'état des trois *doshas*. La dépendance vis-à-vis de l'alcool s'installe très rapidement et, en excès, il est cause de dépression. Il est extrêmement nuisible au système nerveux provoquant des neuropathies périphériques et des démences. Il épuise les réserves en vitamines de type B, endommage les cellules du foie, conduit à la cirrhose et au diabète, provoque des gastrites, favorise le développement du Candida. Il augmente la tension artérielle, abaisse le taux d'immunité et peut réduire la densité osseuse. Les effets secondaires dus à une consommation exagérée d'alcool sont la fatigue, les maux de tête, la nausée, la déshydratation et la constipation.

Nous avons la chance d'être nés dans un corps humain qui est précieux. Nourrissons notre corps d'aliments sains, nous pourrons ainsi servir, aimer et exprimer notre potentiel.

Manger selon le dharma

« L'alimentation exerce une forte influence sur le caractère. Mes enfants, veillez à avoir une alimentation végétarienne, fraîche et simple

(alimentation sattvique). La nature du mental est déterminée par l'essence subtile de la nourriture que nous mangeons. Une nourriture pure produit un mental pur. Sans le contrôle de la langue, vous ne pourrez savourer la douceur du cœur. »

– Amma

Epargner la vie des animaux peut sauver la vôtre. Il n'est plus à démontrer qu'une alimentation végétarienne ou végétalienne est la plus saine qui soit. Des recherches scientifiques prouvent maintenant que l'excès de consommation d'aliments riches en matières grasses animales conduit aux maladies de cœur et à de nombreuses formes de cancer. La consommation de produits animaux entraîne également l'obésité, le diabète, l'hypertension, l'arthrite, la goutte, les calculs rénaux et nombre d'autres maladies. En outre, l'agriculture conventionnelle utilise des quantités excessives d'hormones, d'antibiotiques, d'engrais chimiques et de médicaments afin d'augmenter leur rendement et le profit. Les produits animaux conventionnels contiennent de forts taux d'herbicides et de pesticides. Quand l'homme consomme ces produits, leurs poisons pénètrent directement dans le corps.

Dès les années soixante, les scientifiques soupçonnaient qu'une alimentation à base de viande avait une incidence sur le développement de l'artériosclérose et des problèmes cardiaques. Dès 1961, une étude publiée dans le « Journal of the American Medical Association » rapporte que : « quatre-vingt dix à quatre-vingt dix-sept pour cent des maladies de cœur pourraient être évitées par une alimentation végétarienne. » Depuis, plusieurs études sérieuses ont scientifiquement démontré qu'après le tabac et l'alcool, la consommation de viande est la plus grande cause de mortalité en Europe, aux Etats-Unis, en Australie et dans d'autres pays riches.

L'organisme humain est incapable de gérer des quantités excessives de matières grasses animales et de cholestérol qui s'accumulent sur les parois des artères, ralentissant la circulation du sang et pouvant conduire à l'hypertension, à des maladies cardio-vasculaires. Les recherches de ces vingt dernières années montrent clairement qu'il existe un lien entre une alimentation carnée et le cancer du côlon, du rectum, du sein et de l'utérus. Un article paru dans « The Lancet », une revue médicale anglaise, rapporte que « les personnes vivant dans des zones à taux élevé de carcinome du côlon ont une alimentation riche en viande alors que celles vivant dans des zones à taux faible ont une alimentation végétarienne contenant peu de matières grasses ou de produits animaux. »

Pourquoi les mangeurs de viande semblent-ils être davantage exposés à ces maladies ? Une des raisons donnée par les biologistes et les nutritionnistes est que le transit intestinal de l'être humain n'est pas fait pour digérer la viande. Les animaux carnivores ont des intestins courts, trois fois la longueur de leur corps, afin d'éliminer rapidement du corps les toxines produites par la viande en décomposition. Etant donné que les plantes se décomposent plus lentement que la viande, les herbivores ont des intestins six fois plus longs que leur corps. Le transit intestinal de l'être humain est le même que celui des herbivores.

Un autre problème dû à la consommation de viande est la contamination chimique. Dès qu'un animal est tué, sa chair commence à se putréfier et prend une couleur vert-gris au bout de quelques jours. L'industrie de la viande dissimule cette décoloration en ajoutant des nitrites, des nitrates et autres conservateurs pour que la viande conserve une couleur rouge vif. Mais des recherches montrent maintenant que ces conservateurs sont cancérigènes. De plus, ce problème est aggravé par le fait que des doses massives de produits chimiques sont administrées au bétail. Gary et Steven Null, dans leur livre « Poisons in Your Body » (Des poisons dans votre corps) signalent quelque chose qui devrait nous faire réfléchir à deux fois avant d'acheter un steak ou du jambon : « Les animaux sont maintenus en vie et engraissés par l'administration continuelle de tranquillisants, d'hormones, d'antibiotiques et de deux mille sept cent autres drogues. Ce processus commence avant même la naissance et se poursuit bien après la mort. Bien que ces drogues soient présentes dans la viande que vous mangez, la loi n'exige pas que cela soit stipulé sur l'emballage. »

En ce qui concerne les protéines, le Dr. Paavo Airo, une autorité en matière de nutrition et de biologie naturelle, dit ceci : « La quantité journalière de protéines recommandée est passée de 150 grammes il y a vingt ans à seulement 45 grammes aujourd'hui. Pourquoi ? Parce que des recherches sérieuses menées au niveau international montrent que nous n'avons pas besoin de beaucoup de protéines, que 35 à 45 grammes par jour suffisent en réalité. Au-delà, les protéines consommées sont non seulement gaspillées mais nuisibles pour le corps qui doit fournir un effort pour les digérer. Vous n'avez pas besoin de manger de viande pour atteindre les 45 grammes de protéines quotidiennes. Vous pouvez les obtenir aisément par une alimentation cent pour cent végétarienne variée composée de céréales, de lentilles, d'oléagineux, de légumes et de fruits. »

Un des principes fondamentaux de l'Ayurvéda est *ahimsa* (non violence). Tuer des animaux pour se nourrir est non seulement un acte de violence envers l'animal mais également envers l'environnement et tous ceux qui meurent de faim dans le monde. La souffrance est alors sans fin. Un nombre étonnant de personnes ne considère pas le poisson comme de la viande. Les poissons sont, en fait, des animaux et souffrent quand ils sont tués. Quand un animal est tué, son corps sécrète des hormones de peur et d'autres toxines qui sont ensuite ingérées et absorbées par celui qui le mange. Ces vibrations émotionnelles négatives pénètrent alors dans la conscience de l'être humain. En outre, la viande est morte. Elle est totalement vide de *prana* (la force de vie). Ainsi, selon l'Ayurvéda, la viande crée du *tamas* (inertie, lourdeur) dans le mental et dans le corps.

Albert Einstein disait : « Notre tâche est de nous libérer en étant de plus en plus compatissants jusqu'à embrasser toutes les créatures, la Nature et sa beauté. Seule l'évolution vers une alimentation végétarienne pourra être bénéfique à la santé de l'être humain et augmenter ses chances de survie sur terre. »

Dans l'épopée indienne du Mahabharata, il y a de nombreuses condamnations du meurtre des animaux. « Qui peut être plus cruel et égoïste que celui qui nourrit sa chair de celle d'innocents animaux ? Ceux qui désirent avoir une bonne mémoire, une longue vie et une bonne santé, une beauté et une force physique, morale et spirituelle doivent s'abstenir de viande. »

Outre son importance pour la santé et sa valeur éthique, le mode de vie végétarien ou végétalien possède une dimension spirituelle qui peut nous aider à développer notre amour inné pour Dieu.

Éradiquer la faim dans le monde

« Celui qui a la foi et de la dévotion pour Dieu, qui proviennent toutes deux d'une innocence innée,

voit Dieu en toutes choses, dans chaque arbre et dans chaque animal, dans chacun des aspects de la Nature. Cette attitude lui permet de vivre en harmonie et en accord avec la Nature. Gaspiller par manque d'attention et de soin est une erreur. Toute chose a été créée pour un usage particulier ; tout, dans la création, a un but bien défini. »

– Amma

Bien des gens deviennent végétariens pour des raisons écologiques ou socio-économiques. Les ressources de notre mère la Terre sont limitées et elles doivent être utilisées avec sagesse et conscience. Adopter une alimentation végétarienne est l'un des meilleurs moyens d'économiser les ressources de la terre et de maintenir un équilibre économique. La viande nourrit peu de personnes au détriment de beaucoup d'autres. Pour produire de la viande, les céréales qui pourraient nourrir les gens alimentent le bétail.

Selon des informations compilées par le Département de l'Agriculture des Etats-Unis, plus de quatre-vingt dix pour cent de toutes les céréales produites en Amérique servent à nourrir le bétail (vaches, porcs, moutons et volaille) qui termine dans notre assiette. Cette production de céréales pour le bétail est un incroyable gaspillage.

Les chiffres montrent que 7,2 kilos de céréales donnés au bétail ne donnent en retour que 45 grammes de viande.

Dans « Diet for a small planet » (Alimentation pour une petite planète), Francis Moore Lappe nous demande de nous imaginer assis devant un steak de 220 grammes. « Puis imaginez 45 à 50 personnes dans la pièce, chacune ayant devant elle un bol vide. La quantité de céréales qui vous a permis de manger ce steak aurait suffi à remplir tous les bols. »

Non seulement les pays riches gaspillent leurs propres céréales pour nourrir le bétail, mais ils prennent en outre les plantes riches en protéines des pays pauvres. Le Dr. George Borgstrom, une autorité en matière de géographie des aliments, estime que plus du tiers de la récolte d'oléagineux d'Afrique (très riches en protéines) nourrit le bétail et la volaille qui terminent dans la cuisine de l'Europe occidentale.

Dans les pays sous-développés, une personne consomme en moyenne 180 kg de céréales par an. Alors que, dit Lester Brown, autorité en matière d'alimentation mondiale, le mangeur de viande moyen consomme 900 kg de céréales par an dont 90 pour cent servent à nourrir les animaux destinés à la boucherie. Le consommateur de viande moyen, dit Brown, puise cinq fois plus dans les ressources alimentaires que le végétarien moyen. De tels faits ont conduit les experts alimentaires à faire remarquer que le problème de la faim dans le monde n'a pas lieu d'être. Même à l'heure actuelle, nous produisons largement assez de nourriture pour tout le monde sur la planète. Malheureusement, il y a beaucoup de gaspillage lors de sa répartition. Jean Mayer, nutritionniste à Harvard, estime qu'une baisse de 10 pour cent de la production de viande épargnerait suffisamment de céréales pour nourrir 60 millions de gens.

L'épuisement des ressources

« Une fois que le dernier arbre aura été coupé,
Une fois que la dernière rivière
aura été contaminée,
Une fois que le dernier poisson aura été pêché,
Alors seulement on découvrira que
l'argent ne se mange pas. »
– Prophétie Cree

• Un demi-hectare de terre peut produire 90 000 kilos de pommes de terre mais seulement 74 kg de viande.

- 7,2 kg de céréales sont nécessaires pour produire 450 grammes de viande.
- Plus de la moitié des terres céréalières nourrissent le bétail.
- Une alimentation à base de viande nécessite 182 ares de terre contre 78 ares pour une alimentation végétarienne et 8 ares pour une alimentation végétalienne.
- Il faut environ 9 500 litres d'eau pour produire 450 grammes de viande, et donc 15 140 litres pour l'alimentation journalière d'un consommateur de viande, environ 4 542 litres pour une alimentation qui inclut le lait et les œufs et 1 135 litres pour une alimentation végétalienne.
- Les pays en voie de développement utilisent la majorité de leurs terres pour élever des bœufs pour les pays riches au lieu d'y pratiquer une agriculture vivrière.
- L'Amérique du Nord et du Sud détruisent la forêt équatoriale pour fournir des pâturages à leur bétail. Ces forêts contiennent plus de la moitié des espèces de la planète et plus de mille espèces de plantes médicinales. Plus d'un millier d'espèces de plantes disparaissent chaque année. La plupart poussaient dans ces forêts

équatoriales utilisées désormais pour l'industrie de la viande. Ces pratiques entraînent aussi le déplacement rapide de populations indigènes qui, jusque là, vivaient en harmonie avec leur environnement depuis des millénaires. En outre, cette exploitation des forêts contribue

au réchauffement planétaire.
• Pour environ 40 ares qui sont déboisées pour satisfaire des besoins humains, 223 ares le sont pour nourrir un bétail qui augmente sans cesse. Cette politique détruit à grands pas les quelques forêts qui existent encore.

- La couche de terre arable est cette terre sombre, riche qui fournit les nutriments aux aliments qui y poussent. Il faut 500 ans pour que se forme une petite quantité de terre arable. La déforestation entreprise pour fournir de nouveaux pâturages au bétail entraîne sa disparition rapide.
- L'eau est contaminée par les produits chimiques utilisés par l'agriculture moderne pour élever le bétail. En conséquence, les réserves d'eau pure s'épuisent rapidement.

Vitamines et nutriments

Le conditionnement de la plupart des gens les porte à croire que seuls la viande et les produits animaux apportent suffisamment de protéines, de vitamines, de minéraux et de nutriments essentiels. En réalité, de nombreux autres aliments constituent un large éventail de choix alimentaires excellents. Mère Nature nous fournit en abondance des plantes nutritives.

Protéines : l'association de céréales et de légumes fournit toute la variété d'acides aminés nécessaires à la synthèse des protéines. En ayurvéda, le *kichéri* est un plat traditionnel qui, en associant le riz basmati et les haricots mung, fournit les protéines nécessaires. On trouve également ces dernières dans les graines de chanvre, les céréales et les produits céréaliers, les noix, les graines, les haricots, les lentilles, le chou, les feuilles de betterave, les produits laitiers biologiques, la spiruline et tous les légumes verts. Le ragi (millet noir) et le quinoa sont particulièrement riches en protéines. Les plantes, et surtout les légumes verts à feuille, les micro-algues et les algues contiennent une grande quantité d'acides aminés, les constituants fondamentaux des protéines. Les poudres de protéines de chanvre et de riz sont des concentrés facilement assimilables. Les produits à base de soja contiennent également des protéines. Cependant, ils doivent être utilisés avec prudence car ils sont difficiles à digérer à cause des OGM et des nombreux traitements qu'ils subissent. Le tempeh est une forme de soja souvent plus facile à digérer. Pour des raisons karmiques, les œufs ne sont généralement pas recommandés en ayurvéda. Ils aggravent aussi *pitta* et *kapha*, augmentent le taux de cholestérol et affaiblissent le feu digestif. Si vous choisissez de manger des œufs, évitez les œufs issus de poules élevées en batterie car ils proviennent d'animaux qui souffrent beaucoup.

Vitamine B 12 : cette vitamine est responsable de la formation des globules rouges et de la bonne santé du système nerveux. C'est la seule vitamine dont les végétariens et les végétaliens manquent souvent car on la trouve en grande quantité dans la viande. On la trouve également dans les algues et les micro-algues, la spiruline et le soja. La plupart des aliments végétariens et végétaliens que l'on trouve sur le marché sont renforcés en vitamine B 12. La levure et les flocons de céréales, les hamburgers végétariens, les steaks végétariens, les graines, les céréales, le lait de riz, de chanvre et d'amande fournissent tous cette vitamine en quantité suffisante.

Vitamine D : cette vitamine régule l'absorption et l'élimination du calcium, en particulier quand le taux de ce dernier est bas. On la trouve uniquement et en petite quantité dans le poisson, les œufs et les produits laitiers mais à un taux de concentration élevé dans les flocons de céréales. Tout comme la vitamine B 12, la plupart des aliments végétariens et végétaliens vendus sur le marché sont renforcés en vitamine D. La plus grande source de vitamine D est le soleil et dix à quinze minutes d'exposition tôt le matin ou en fin

Vitamines et nutriments

---

d'après-midi deux à trois fois par semaine suffisent pour recevoir la quantité requise.

Calcium : il est responsable de la croissance et de la santé des os, des cheveux, des ongles, de la peau et des articulations. Une fausse idée très répandue est de penser que les meilleures sources de calcium sont le lait et les produits laitiers. Des études montrent maintenant que les protéines instables issues du lait homogénéisé sont responsables de la fuite hors du corps des minéraux et du calcium. Une étude de douze ans menée par l'université d'Harvard sur 78 000 femmes qui buvaient quotidiennement deux verres de lait pasteurisé homogénéisé a montré de manière significative un risque très élevé de fractures de la hanche et des os comparée aux personnes ne buvant qu'un verre de lait par jour ou pas de lait. Ceci démontre que le lait homogénéisé ne protège pas contre la perte osseuse. De plus, on a constaté nettement moins d'ostéoporose dans les pays où les produits laitiers ne font pas partie de l'alimentation de base. Les graines de sésame, en particulier le tahini noir, possèdent le taux de concentration de calcium le plus élevé. Sources de calcium absorbable par l'organisme : légumes à feuilles, fruits secs, graines, noix, ragi (millet noir), laits de céréales, etc.

Fer : les symptômes d'une déficience en fer sont la pâleur de la peau, des ongles cassants, la fatigue, l'anémie et la fragilité des os, respiration courte, troubles menstruels, fluctuation de la température corporelle, perte d'appétit. Les produits laitiers homogénéisés, le café, les sucres raffinés et de synthèse, le thé noir empêchent l'assimilation du fer. La vitamine C favorise l'absorption du fer. Sources de fer : tous les haricots, les graines de potiron, la mélasse, les dattes, le raisin, les céréales et les algues.

L'idéal est de pourvoir à nos besoins nutritionnels par la consommation d'aliments purs et complets. Dans certains cas, quand cela n'est pas possible, on peut avoir recours aux compléments alimentaires pour trouver toutes les vitamines et minéraux cités plus haut. Il est important de savoir que de nombreux compléments alimentaires contiennent des gélifiants et des additifs qui freinent l'absorption des vitamines et des minéraux. Il est donc essentiel de vérifier les ingrédients et parfois nécessaire d'augmenter les doses prescrites sur l'emballage. Les minéraux et les vitamines liquides sont les plus facilement assimilables car ils pénètrent directement dans le sang. Les végétariens préféreront éviter les compléments

~~alimentaires contenant~~ de la gélatine car elle est fabriquée à partir de sabots d'animaux tels que les porcs et les chevaux.

Cosmétiques et produits d'entretien

La peau est le plus vaste des organes du corps et elle absorbe facilement les nombreuses substances entrant en contact avec elle. Les composants des cosmétiques, une fois absorbés par la peau, pénètrent directement dans la lymphe et le sang. De là, ils vont dans les organes, en particulier le foie. Les produits chimiques toxiques, les conservateurs, le sucre de synthèse et autres ingrédients artificiels sont souvent dissimulés dans les cosmétiques. Les nettoyants ménagers contiennent habituellement des produits chimiques toxiques qui sont absorbés non seulement par la peau mais aussi par le système respiratoire quand nous en respirons les émanations. Pour rester en bonne santé, il est sage d'utiliser des produits de soin corporels et des produits d'entretien naturels.

Des composants dits « dérivés naturels » sur l'étiquette peuvent contenir des produits chimiques nocifs, dus à un procédé de raffinage.

Les composants de nombreux cosmétiques, de produits de soin pour la peau et de produits ménagers apparaissent sur l'étiquette sous leur formule chimique. Les marques les plus répandues de shampooings et de démaquillants « naturels » ou « à base de plantes » utilisent ces produits chimiques dangereux comme principal agent actif. Prenez le temps de lire les étiquettes et essayez d'éviter ces composants nocifs que l'on trouve communément dans les pâtes dentifrices, les shampooings, les démêlants, les déodorants, les savons, les lotions, les écrans solaires, le maquillage et les produits nettoyants et parfois même dans les aliments.

L'acétone : est une neurotoxine, un puissant irritant de la peau et des yeux, ayant des effets secondaires sur les systèmes respiratoire et nerveux.

L'aluminium : entre dans la composition de la plupart des déodorants et on le trouve également dans des produits alimentaires comme la levure chimique. Toxique pour la lymphe, on pense qu'il est un des facteurs responsables du cancer du sein. L'aluminium est également en partie responsable de la dégénérescence neurologique, des maladies d'Alzheimer et de Parkinson.

Les colorants artificiels : il a été démontré qu'ils sont cause de cancer quand ils sont appliqués sur la peau. Souvent, ces colorants contiennent les impuretés des métaux lourds comme l'arsenic et le plomb qui sont cancérigènes.

Butylhydroanisole (BHA)/Butylhydroxytoluène (BHT) : on les trouve à la fois dans les aliments et dans les produits de soin pour le corps. Ils sont cancérigènes et corrosifs pour le métal. Ils peuvent provoquer des dermatites et une irritation des yeux et de la peau.

La cocamide DEA ou MEA et la lauramide DEA irritent les yeux. Des applications répétées de détergents à base de DEA augmentent de façon importante le risque d'incidence de cancer du foie et des reins.

Le formaldéhyde, utilisé dans de très nombreux cosmétiques, est cause d'irritations des yeux, de la gorge et du nez, de la toux, de crises d'asthme, de respiration courte, de nausée, de vomissements, d'éruptions cutanées, de saignements de nez, de maux de tête et de vertiges. On sait également qu'il affaiblit considérablement le système immunitaire.

Parfum est un terme qui recouvre une large gamme de composants. Dans les expériences en laboratoires sur les animaux, on constate que la plupart de ces « parfums » entraînent des stérilités, des malformations congénitales et des hépatites. Les fabricants ne sont pas tenus de donner la liste des composants qu'ils utilisent pour fabriquer leurs « parfums » mais les plus courants sont : le chlorure de méthylène, le toluène, le méthyl-éthyl cétone, le méthylène isobutanol cétone, l'alcool d'éthylène, le chlorure de benzol. Tous sont dangereux et peuvent provoquer des réactions allergiques.

Les huiles minérales, le pétrolatum, les huiles de paraffine et de cire, le liquidum paraffinum et le parabens (méthyl, propyl, butyl) sont des sous-produits du pétrole. Ils détruisent la barrière immunitaire naturelle de la peau, empêchent l'élimination des toxines, favorisent l'acné et autres problèmes de peau et accélèrent le vieillissement de la peau.

Le propylène glycol (PG) est un agent antigel actif. C'est un dérivé du pétrole qui affaiblit la structure cellulaire. Il est suffisamment puissant pour enlever les bernacles (coquillages) accrochés aux bateaux et il irrite les yeux, la gorge, le système respiratoire et la peau. Comme l'aluminium, il est couramment utilisé dans la fabrication des déodorants, et stoppe le processus naturel de la transpiration. Les toxines sont alors prises au piège dans la lymphe, ce qui favorise l'apparition du cancer du sein.

Le sulfate de sodium (lauryl) entre dans la composition de pratiquement tous les shampooings, irrite les yeux et le cuir chevelu et fait gonfler le visage, les mains et les bras. Il est couramment contaminé par le dioxyde, un cancérigène bien connu. Le sulfate de sodium lauryl contenu dans nos savons est le même que celui contenu dans les lessives pour laver les voitures et dans les produits pour dégraisser les moteurs. Il est responsable de nombreux problèmes de santé allant des problèmes menstruels et des symptômes de la ménopause jusqu'à la baisse de la fertilité masculine et à l'augmentation du nombre de cancers chez les femmes.

Jeûner pour rester en bonne santé

Notre corps étant souvent bombardé de toxines dans ce monde moderne, le jeûne est un excellent moyen de les éliminer. En ayurvéda, le jeûne est considéré comme l'un des plus puissants facteurs de guérison. Il peut éradiquer la cause de la maladie en dissolvant les toxines accumulées. En pathologie, l'accumulation est le premier stade de la maladie.

Amma recommande aux personnes en bonne santé de jeûner une fois par semaine. Le corps peut ainsi se nettoyer lui-même, réveillant le feu digestif et équilibrant le métabolisme. En réduisant les toxines dans le corps, il augmente la clarté intellectuelle et la force physique. Le jeûne est un excellent moyen d'aider le corps à lutter contre les maladies, en particulier les rhumes et autres maladies virales ainsi que les infections. Il est recommandé de manger léger ou même de jeûner dès les premiers symptômes de la maladie. Le jeûne est un puissant moyen pour le corps de se régénérer. Le jeûne à l'eau est le meilleur. Si ce n'est pas possible, on peut prendre des tisanes, des jus de fruits ou de l'eau de noix de coco.

Amma fait également remarquer que le système digestif est semblable à une machine qui, à moins que l'on jeûne, ne se repose jamais. Une machine qui fonctionne vingt-quatre heures sur vingt quatre pendant des années est susceptible de tomber en panne tôt ou tard. Jeûner une fois par semaine, c'est donner un jour de repos nécessaire au système digestif.

Les jeûnes de longue durée doivent s'effectuer sous la surveillance d'un praticien de santé compétent car les aliments que l'on prend avant et après un jeûne de longue durée ont un puissant impact sur le corps.

Suggestions alimentaires pour ceux qui font un panchakarma

Le panchakarma est une méthode ayurvédique de nettoyage complet au niveau cellulaire. Panchakarma signifie « cinq actions ». Il élimine les toxines présentes dans le corps physique et dans le corps subtil. Il a de puissants effets de détoxification et de régénération sur les os, les nerfs, les muscles, les sens et le mental.

Une alimentation correcte est essentielle durant le panchakarma. Une profonde transformation s'opère dans le corps et un régime approprié est indispensable. Une alimentation inadéquate empêche un nettoyage correct et peut même entraîner les toxines en profondeur.

L'alimentation idéale pendant la période du panchakarma consiste en aliments légers, nutritifs et facilement digestibles tels que les légumes et le *kichéri*. Il est conseillé de ne pas manger le soir après dix-huit heures car le feu digestif est ensuite à son minimum. La nourriture consommée pendant la nuit reste non digérée et produit des toxines (*ama*). Si vous ne pouvez pas éviter de manger la nuit, prenez du *kanji* (gruau de riz) ou un bouillon de légumes.

Les conseils alimentaires suivants sont destinés aux personnes qui suivent un traitement de panchakarma sous la supervision d'un médecin compétent.

Aliments favorisant le processus de purification

- *kichéri* (lentilles mung jaunes et riz basmati cuisinés avec du *ghi* et des épices douces)
- légumes vapeur ou légumes légèrement cuisinés sans épices
- soupe légère de légumes
- boire au minimum 2 à 3 l d'eau par jour pour aider à l'élimination des toxines
- boire de l'eau de noix de coco. La chair tendre de la noix de coco verte est autorisée mais avec modération
- *ghi* : 1 cuillère à café (*kapha*), 1,5 cuillère à café (*pitta*) et 1 cuillère à soupe (*vata*) maximum par repas

- porridge à base d'avoine complète ou de *ragi* (pas de blé)
- *dosa* ou *idli* nature
- *kanji* (gruau de riz)
- tisanes : basilic (tulasi), gingembre, cardamome, cannelle, toute autre tisane convenant à chaque *dosha*
- jus de raisin (sans sucre ajouté).

Aliments à prendre avec modération
- jus d'orange, d'ananas et de grenade (sans sucre ajouté)
- petit-lait au déjeuner une ou deux fois par semaine
- oléagineux (amandes nature, trempées et pelées : pas plus de 10 par jour). Pas d'oléagineux pour les tempéraments pitta
- sel et aliments piquants (ail, oignon, piments)
- aliments aigres (condiments, vinaigre et agrumes)

Aliments à éviter totalement
- produits laitiers (lait, yaourt, thé au lait, beurre, etc.) entravent l'élimination et empêchent la détoxination
- fritures
- sucre raffiné

- thé, café et autres stimulants
- aliments très épicés
- aliments froids tels que glaces, soda, eau et jus
- œufs, fromages et produits à base de soja
- tous les produits à base de blé et de levure tels que semoule (uppama), pain, pâtes, gâteaux, biscuits
- aliments crus
- légumes causes de flatulence (vata) comme les choux-fleurs, brocolis, chou, pois chiches
- pommes de terre, tomates, aubergines, poivre doux
- champignons
- cacahuètes et beurre de cacahuètes.

Note : les recommandations ci-dessus sont uniquement des instructions générales et ne sont pas spécifiques aux *doshas*. Il peut être nécessaire de modifier certaines de ces recommandations afin de répondre aux besoins de votre corps.

Manger avec conscience

« Evitez de trop manger. La moitié de l'estomac doit être remplie par la nourriture, un quart par les liquides et le dernier quart doit rester libre pour la circulation de l'air. Moins vous

Manger avec conscience

mangez, plus vous aurez de contrôle sur votre mental. Ne dormez pas et ne méditez pas sitôt après manger car cela gêne la digestion. Répétez toujours votre mantra en mangeant. Cela purifie à la fois la nourriture et votre mental. »

– Amma

L'environnement dans lequel nous mangeons, les pensées que nous avons en mangeant et notre façon de manger affectent notre santé autant que ce que nous absorbons. L'ayurvéda recommande de manger dans une atmosphère pure, calme et paisible. Avant de manger, prenez le temps d'exprimer votre gratitude, de calmer le mental et d'être dans le moment présent. Travailler, lire, regarder la télé et parler en excès éloignent le corps et le mental du processus de digestion. Manger dans un état de déséquilibre émotionnel ou de stress gêne la digestion alors que prendre de la nourriture préparée avec amour augmente la vitalité. Le processus de digestion commence dans la bouche. Comme le dit le *mahatma* Gandhi : « Mâchez ce que vous buvez et buvez ce que vous mangez. » Mâcher les aliments jusqu'à ce qu'ils deviennent liquides dans la bouche donnera moins de travail à l'estomac.

Alimentation ayurvédique

La quantité de nourriture que nous absorbons et le moment où nous mangeons ont également un impact important sur notre bien-être. Amma insiste constamment sur le fait de ne pas gaspiller la nourriture. Il vaut mieux se servir de petites portions plutôt que jeter la nourriture. Il vaut mieux éviter de manger quand on n'a pas faim ou juste après un grand effort physique. Le fonctionnement des organes varie selon le moment de la journée. L'assimilation des aliments par le corps est à son optimum sont entre 6 et 8 heures du matin pour le petit-déjeuner, entre 10 et 14 heures pour le déjeuner et entre 17 et 19 heures pour le dîner. Il est également important de laisser à la digestion le temps de se faire entre chaque repas. L'ayurvéda conseille d'attendre de 3 à 6 heures entre les repas.

Après 19 heures, le corps arrête de produire des enzymes digestifs ; la nourriture prise le soir reste dans l'estomac toute la nuit, non digérée, empêchant les autres organes de se reposer complètement. Cette nourriture non digérée se transforme en déchets toxiques et nous nous levons, le lendemain matin fatigués et manquant de vivacité. Un bon moyen pour réguler le métabolisme est de sauter le dîner. Cela équilibre le poids et permet au corps de se régénérer rapidement. Si vous avez très faim le soir, prenez une soupe légère ou une tisane. La plupart des gens qui mangent peu le soir disent avoir plus de clarté intellectuelle et d'énergie le jour suivant.

Ce que nous buvons pendant les repas influe beaucoup sur la digestion. La consommation fréquente de boissons glacées ou fraîches éteint le feu digestif. Boire pendant les repas dilue les enzymes digestifs. Il vaut donc mieux ne pas boire en mangeant. Si vous devez boire quelque chose pendant les repas, préférez des tisanes ou de l'eau à température ambiante dix à quinze minutes avant les repas ou trente minutes après. Boire à la fin du repas entrave grandement la digestion. Evitez de manger quand vous avez soif et évitez de boire quand vous avez faim.

Selon l'ayurvéda, à chaque repas devraient être représentés les six goûts : sucré, aigre, salé, amer, piquant et astringent. Chacun a un effet harmonisant et inclure un peu de chacun d'entre eux diminue les envies et équilibre l'appétit et la digestion. La plupart des gens ont tendance à manger trop d'aliments sucrés, aigres et salés et pas assez d'aliments amers, piquants et astringents. Utiliser des mélanges d'épices simplifie les repas tout en équilibrant les différents goûts.

Quand nous réfléchissons à ce que nous allons manger, choisissons autant que possible, des aliments sattviques, complets, frais, de saison et qui ont été cultivés près de chez nous. Il est préférable d'éviter les aliments lourds. La consommation excessive d'aliments chauds affaiblit et l'excès d'aliments froids et secs ralentit la digestion. Trop cuire les aliments détruit les nutriments et réduit leur vitalité. Recuire des aliments ou les laisser découverts pendant longtemps leur ôte également toute vitalité.

Remèdes diététiques

L'expression bien connue « Que ta nourriture soit ta médecine » contient une profonde vérité. Le tableau suivant donne des conseils de base pour certaines maladies. La liste n'est pas exhaustive. C'est une simple liste d'aliments pour les personnes qui souffrent des affections mentionnées. Bien sûr, prendre ces aliments en association avec un traitement médical (à base de plantes) sera d'autant plus bénéfique !

Remèdes diététiques

Maladies	Aliments aux propriétés curatives
Acné	Carotte, pommes de terre, bardane, épinards, raisin, algues, betteraves rouges, concombre.
Allergies	Miel (local/non chauffé), carotte, betteraves rouges, épinards, céleri, poivre de Cayenne, raisin, orties, ail, oignon, myrtille, gingembre, radis. Éviter les produits laitiers, le blé, le sucre raffiné, les aliments fabriqués industriellement avec produits chimiques de synthèse.
Anémie	Betteraves rouges, carottes, dattes, légumes verts, baies, riz brun, grenade, bardane.
Arthrite	Riz basmati, lentilles (lentilles dhal) avec ail, chutney à l'ail, lait au curcuma, kichéri, légumes à feuille vapeur, algues.
Articulations	Luzerne, épinards, gingembre, quinoa, curcuma, amarante, persil, romarin, ignames, légumes racines, myrtilles, beurre clarifié (ghi), huile de graines de chanvre.
Asthme	Lentilles, raisins, soupe de brocolis à l'ail, moutarde, cumin et poivre, lait au gingembre.
Cancer	Basilic (tulasi), thé Essiac (voir www.essiac.org), jus de légumes et de fruits frais, légumes verts, curcuma, origan, baies, bardane, coriandre frais, persil, radis blanc, orties. Eviter viandes/matières grasses/plats de fabrication industrielle.
Candidose	Ail cuit, légumes verts de couleur sombre, algues. Eliminer blé/produits laitiers/sucre blanc/levure.

Alimentation ayurvédique

Maladies	Aliments aux propriétés curatives
Cholestérol	Avocats, avoine, luzerne, céréales complètes, pommes, huile de graines de chanvre, figues, ail.
Constipation	Boire beaucoup d'eau, fibres, légumes, fruits, jus de betterave, pruneau, jus de pruneau.
Déficience immunitaire	Luzerne, légumes verts, ail, fruits, baies, bardane, algues.
Déficience rénale	pastèque (sauf si œdème), asperges, persil, laitue, haricots nains, orties, légumes verts à feuille de couleur sombre, betteraves, céleri, sel en petite quantité.
Diabète	Millet, maïs, légumes verts à feuille, melon amer, baies, okra, curcuma, haricots, feuilles de laurier, basilic (tulasi), cannelle, clous de girofle, cumin, coriandre. Pas de blé/riz.
Diarrhée	Riz, bananes non mûres, céréales.
Dysenterie	Comme pour la diarrhée avec une pincée de noix de muscade.
Dys-ménorrhée	Haricots, algues, carottes, pommes, bardane, betteraves, cacao brut. Eviter caféine et alcool.
Empoisonne-ment	Miel, yaourt fermenté, coriandre, curcuma, gingembre.
Eruptions cutanées	Ail, curcuma, chou, poires, raisins noirs, orties, concombres, papaye verte, basilic (tulasi), pastèque. Applications de ghi sur les parties affectées.
Fièvre	Riz complet légèrement cuit, tapioca, feuilles de basilic.
Foie engorgé	Jus de sucre de canne frais (nettoie le foie), chou, betteraves, radis blancs, radis.

Remèdes diététiques

Maladies	Aliments aux propriétés curatives
Furoncles	Curcuma (prises interne et externe), bardane, betteraves rouges, légumes verts, algues.
Grippe/ Refroidissement	Basilic, gingembre, poivre noir, tisane de cardamome ou de cannelle, ail.
Hémorroïdes	Flocons d'avoine, haricots, curcuma, aloès, betteraves, grenades. Pas de solanacées.
Hyperglycémie	Lentilles, légumes verts à feuilles de couleur sombre, haricots, poivre de Cayenne, cannelle, curcuma, bardane, radis blancs, radis, algues. Réduire les fruits.
Hypertension	Riz basmati, haricots mung, kichéri, coriandre frais, eau de noix de coco, tisanes diurétiques.
Hyperthyroïdie	Aloès, laminaires (algues brunes), soupe de lentilles rouges, légumes verts à feuille de couleur sombre.
Hypothyroïdie	Aloe vera, laminaires, algues, orge, miso, légumes racines, chou rouge.
Infection urinaire	Jus de canneberge (sans sucre ajouté), cresson, concombre, baies, citron, orties, bardane, pissenlit, riz brun, kichéri.
Insomnie	Lait à l'ail avec une pincée de curcuma, noix de muscade, céréales complètes.
Irritation intestinale	Kichéri, lentilles, okra, psyllium. Eviter blé/gluten/noix/graines/produits laitiers/aloe vera.
Maladies de cœur	Luzerne, carottes, légumes racines, légumes verts à feuilles de couleur sombre, céréales complètes, chou rouge, haricots, pommes, baies. Eviter viande/produits laitiers.

Alimentation ayurvédique

Maladies	Aliments aux propriétés curatives
Maux d'estomac	Jus ou soupe de gingembre, papaye, menthe, graines de papaye, miso
Maux d'oreille	Huile d'ail (faire bouillir de l'ail dans de l'huile de sésame jusqu'à ce qu'il devienne brun). 5 gouttes dans les oreilles.
Maux de dents	Clous de girofle, ail cru (à mâcher ou à garder dans la bouche), persil, jus de blé germé écrasé.
Maux de gorge	Tisane de citron, gingembre et miel, poivre de Cayenne. Voir également Grippe/refroidissement.
Maux de tête	Boire beaucoup d'eau, de jus. Citron, protéines telles que graines de chanvre, lentilles, haricots.
Ménopause	Légumes verts à feuille, ignames, basilic, algues, carottes, haricots, flocons d'avoine.
Migraine	Banane mûre cuisinée avec du ghi/cardamome/noix de muscade. Pâte de noix de muscade appliquée sur le front.
Obésité	Pamplemousse, salade, légumes vapeur, betteraves, chou, papayes vertes et mûres, gingembre, poivre, baies, radis.
Organes de reproduction	Ail, oignon, lait cru, amandes, dattes, noix de cajou, betteraves, bardane.
Ostéoporose	Légumes verts, asperges, quinoa, amarante, pommes, bananes, algues, amandes. Éviter les produits laitiers pasteurisés et homogénéisés.
Parasites/Vers	Graines de potiron, graines de papaye, ail, riz brun, noyau d'abricot. Eviter sucre/fruits/blé/gluten/alcool.

Remèdes diététiques

Maladies	Aliments aux propriétés curatives
Problèmes de peau (eczéma, psoriasis)	Jus de coriandre fraîche, jus de concombre interne et externe, frotter la peau avec l'intérieur d'un melon, jus de grenade, avocats, papayes, aloès, baies. Éviter produits laitiers/blé/sucre raffiné.
Problèmes de Saignements	Lait au safran, lait de noix de coco, gâteau de riz (le calcium favorise l'arrêt des saignements).
Saignements Externes	Appliquez du poivre de Cayenne sur la blessure pour arrêter le saignement.
Stress	Tisane de basilic, baies, miso, algues, légumes verts à feuilles de couleur sombre, igname, potiron, pommes cuites, raisin noir, lait chaud au curcuma.
Toux	Soupe de lentilles, soupe de brocolis/légumes à l'ail, moutarde, cumin, gingembre, agrumes, oignon, basilic, miso, cardamome, fenouil.
Ulcères à l'estomac	Jus de choux rouge, riz brun, légumes verts vapeur, kichéri, baies, aliments alcalins. Eviter le blé, les épices, la caféine, l'alcool et le sucre raffiné.
Vésicule biliaire	Luzerne, bardane, radis blanc, graines germées, aloès, pissenlit, anis, noix.
Vomissements/nausée	Eau de riz, gingembre, menthe, miel.
Yeux	Des sachets chauds de thé noir ou de camomille en sachets soulagent les yeux fatigués/gonflés. Carottes, chou kale, potiron.

Conclusion

Et il sut que la nourriture était Brahman.
De la nourriture naissent tous les êtres.
Par la nourriture, ils vivent
et à la nourriture ils retournent.
– Taittiriya Upanishad 3.2

Amma nous rappelle constamment que nous ne sommes pas le corps mais l'*atman* (le Soi suprême). Alors pourquoi se préoccuper de manger sainement ? Notre corps est le véhicule de l'âme. De la même façon que nous ne mettrions pas de l'essence impure dans notre voiture, nous devons faire attention au « carburant » que nous mettons dans le véhicule de notre âme.

Mais en même temps, ne prenons pas notre régime trop au sérieux afin de ne pas perdre le sentiment de gratitude envers la nourriture que nous recevons. Nos pensées et notre attitude durant le repas affectent les processus de digestion et d'assimilation autant que la nourriture elle-même. Nous pouvons nous estimer très heureux d'avoir une alimentation suffisante, nutritive et énergétique. Des millions de personnes n'ont pas cette chance.

Un potentiel immense est en nous, capable de nous guérir et de guérir la planète si nous

Conclusion

changions simplement d'habitudes alimentaires. Amma ne cesse de nous répéter que l'équilibre de notre mère Nature est rompu. Elle nous encourage à contribuer à son rétablissement. Par sa grâce, puissions-nous retrouver cet équilibre, à l'intérieur comme à l'extérieur.

*Om brahmarpanam brahma havir
brahmagnau Brahmana hutam
brahmaiva tena gantavyam
Brahma karma samadhina*

Offrir est Brahman, l'offrande est Brahman
Par Brahman, l'offrande est répandue
dans le feu de Brahman
Ils atteindront véritablement Brahman
ceux qui voient Brahman en toutes choses.
— Bhagavad Gita, 4:24

Om lokah samastah sukhino bhavantu
Puissent tous les êtres dans tous
les mondes être heureux

Lectures conseillées

Ayurvedic healing : A Comprehensive Guide (David Frawley)

Ayurveda : The Science of Healing (Vasant Lad)

Ayurvedic Cooking (Vasant Lad)

Diet for a New America (John Robbins)

Diet for a New World (John Robbins)

Healing with Whole Foods (Paul Pitchford)

Prakriti (Robert Svoboda)

Quantum Healing (Deepak Chopra)

Vegan Fusion (Mark Reinfeld)

Why Vegan? (visit www.VeganOutreach.com)

Yoga and Ayurveda (David Frawley)

www.ingramcontent.com/pod-product-compliance
Lightning Source LLC
Chambersburg PA
CBHW061957070426
42450CB00011BA/3127